Hans-Günter Heumann

Klavier spielen – mein schönstes Hobby Vierhändig

Zu zweit am Klavier
von Barock bis Pop

ED 9782D

SCHOTT

www.schott-music.com

Mainz · London · Madrid · Paris · New York · Tokyo · Beijing

VORWORT

„Il maestro e lo scolare – Der Lehrer und der Schüler" ist der Titel eines bekannten vierhändigen Klavierstückes von Josef Haydn. Und in der Tat: Schon seit vielen Jahrhunderten erfreut sich das vierhändige Klavierspiel großer Beliebtheit. Übrigens nicht nur im Klavierunterricht, wo das Zusammenspiel zweier Spieler die Motivation fördert und klanglich zu schönen Ergebnissen führt: Auch in der Hausmusik, beim Musizieren in der Freizeit oder einfach so zum Spaß ist das Spiel zu vier Händen empfehlenswert.

Der vorliegende Band bietet eine Auswahl von 32 leichten Stücken, von der Klassik bis zu modernen Stücken aus Jazz, Musical oder Pop. Beliebte klassische Spielstücke von Diabelli, Mozart, Beethoven, Brahms oder Schubert sind ebenso vertreten wie Hits aus *Cats* (*Memory*) oder *Stompin' At The Savoy* aus der *Benny Goodman-Story*.

Das Audio-Material dient als akustische Lernhilfe, vielleicht auch zum häuslichen Musizieren, wenn der Partner einmal keine Zeit hat oder zur Vorbereitung auf das gemeinsame Spiel. Der pädagogische Nutzen des gemeinsamen Musizierens und aufeinander Hörens ist enorm, zumal der Klavierspieler die meiste Zeit alleine am Klavier verbringt.

Viel Spaß zu zweit am Klavier mit wunderschönen Melodien von Barock bis Pop wünscht

Hans-Günter Heumann

Impressum:
Bestellnummer: ED 9782D
ISMN: 979-0-001-21359-2
ISBN: 978-3-7957-8717-2
Die Klavierstücke wurden eingespielt
von Prof. Karin Germer und Anno Graser
Die Aufnahmen wurden produziert im Studio Tonmeister, Mainz
Aufnahmeleitung: Alfred Huff

Printed in Germany · BSS 51608

INDEX UND TRACKLIST

Von allen Liedern und Spielstücken dieses Bandes stehen Aufnahmen zum Download zur Verfügung. Die Audio-Dateien können unter **www.schott-music.com/online-material** mit diesemGutscheincode kostenlos heruntergeladen werden: **48hDADXe**

Track 1

SCHERZO

aus: „Melodische Übungsstücke“ op. 149, Nr. 6

Anton Diabelli
(1781 – 1858)

Secondo

Allegro

aus: A. Diabelli, Melodische Übungsstücke op. 149, Schott ED 9009

Track 1

SCHERZO

aus: „Melodische Übungsstücke" op. 149, Nr. 6

Anton Diabelli
(1781 – 1858)

Primo

Allegro

Scherzo da capo al Fine

aus: A. Diabelli, Melodische Übungsstücke op. 149, Schott ED 9009

Track 2

BARCAROLE

aus: „Der Anfänger“ op. 211, Nr. 18

Cornelius Gurlitt
(1820 – 1901)

Track 2

BARCAROLE

aus: „Der Anfänger“ op. 211, Nr. 18

Cornelius Gurlitt
(1820 – 1901)

Track 3

OH, WHAT A BEAUTIFUL MORNIN'

aus dem Musical *Oklahoma*

Oscar Hammerstein II / Richard Rodgers
Arr.: Hans-Günter Heumann

Track 3

OH, WHAT A BEAUTIFUL MORNIN'

aus dem Musical *Oklahoma*

Oscar Hammerstein II / Richard Rodgers
Arr.: Hans-Günter Heumann

a tempo
21
mp
26
32
1., 2.
35
3.

a tempo
Oh, what a beau - ti - ful morn - in', oh, what a
mp
beau - ti - ful day.
I got a beau - ti - ful feel -
- in', ev - 'ry - thing's go - in' my way.
1., 2.
2. All the
3. All the
p
3.
way.
Oh, what a beau - ti - ful day!

Track 4

DUETTINO

aus: 24 kleine Duette, Nr. 3

Johann Baptist Vanhal
(1739 – 1813)

aus: J. B. Vanhal, 24 kleine Duette, Schott ED 9027

Track 4

DUETTINO

aus: 24 kleine Duette, Nr. 3

Johann Baptist Vanhal
(1739 – 1813)

aus: J. B. Vanhal, 24 kleine Duette, Schott ED 9027

Track 5

MEMORY

aus dem Musical *Cats*

Andrew Lloyd Webber/Trevor Nunn/T. S. Eliot
Arr.: Hans-Günter Heumann

Track 5

MEMORY

aus dem Musical *Cats*

Andrew Lloyd Webber/Trevor Nunn/T. S. Eliot
Arr.: Hans-Günter Heumann

18
1
3
22
5
4
26
30

*) Die Achtel werden breit gespielt wie Duolen im 6/8-Takt:

33
mf
37
41
45
1. x
2. x

33
mf
Ev - 'ry street - lamp seems to beat a
Burnt out ends of smok - - y days the
37
fa - tal - is - tic warn - ing.
stale cold smell of morn - ing. The
41
Some one mut - ters and a street - lamp gut - ters
street - lamp dies a - noth - er night is o - ver,
45
and soon it will be - morn - - ing.
a - noth - er day is dawn - - ing.

49
1. x p
2. x f
53
57
62
1.
2.
rit.
p
p

49
Touch me. It's so eas - y to leave me all a - lone with the
1. x p
2. x f
53
mem - 'ry of my days in the sun.
If you
57
touch me you'll un - der - stand what hap - pi - ness is.
Look a new day
62
has be - gun.
1.
2.
gun.
p
p

Track 6

TRIUMPH-MARSCH

aus der Oper *Aida*

Giuseppe Verdi
(1813 – 1901)
Arr.: Hans-Günter Heumann

Track 6

TRIUMPH-MARSCH

aus der Oper *Aida*

Giuseppe Verdi
(1813 – 1901)
Arr.: Hans-Günter Heumann

Feierliches Marschtempo

13
16
3
2
4
1
5
3
f
19
21

13
16
f
19
21

Track 7

FIPS IN THE PARK

Mike Schoenmehl
(*1957)

aus: M. Schoenmehl, Jazz for Two, Leichte Jazz- und Popstücke für Klavier vierhändig, Schott ED 7990

Track 7

FIPS IN THE PARK

Mike Schoenmehl
(*1957)

aus: M. Schoenmehl, Jazz for Two, Leichte Jazz- und Popstücke für Klavier vierhändig, Schott ED 7990

mf
f
meno
poco rit.

15
mf
19
23
f
27
meno
poco rit.

Track 8

ALLA TURCA

aus der Klaviersonate A-Dur, KV 331

Wolfgang Amadeus Mozart
(1756 – 1791)
Arr.: Hans-Günter Heumann

Track 8

ALLA TURCA

aus der Klaviersonate A-Dur, KV 331

Wolfgang Amadeus Mozart
(1756 – 1791)
Arr.: Hans-Günter Heumann

Fine
D. C. al Fine

Fine
D. C. al Fine

Track 9

COOL DOWN

Hans-Günter Heumann
(* 1955)

COOL DOWN

Track 9

Hans-Günter Heumann
(* 1955)

13
16
19
22
rit.
dim.
pp

13
16
19
22
(8)
rit.
dim.
pp

Track 10

SPANISH EYES (MOON OVER NAPLES)

(Al Martino)

Bert Kaempfert/Charles Singleton/Eddie Snyder/C.-U. Blecher

Arr.: Hans-Günter Heumann

Track 10

SPANISH EYES (MOON OVER NAPLES)

(Al Martino)

Bert Kaempfert/Charles Singleton/Eddie Snyder/C.-U. Blecher

Arr.: Hans-Günter Heumann

21
26
mf
mp
31
35
1.
2.
38
pp

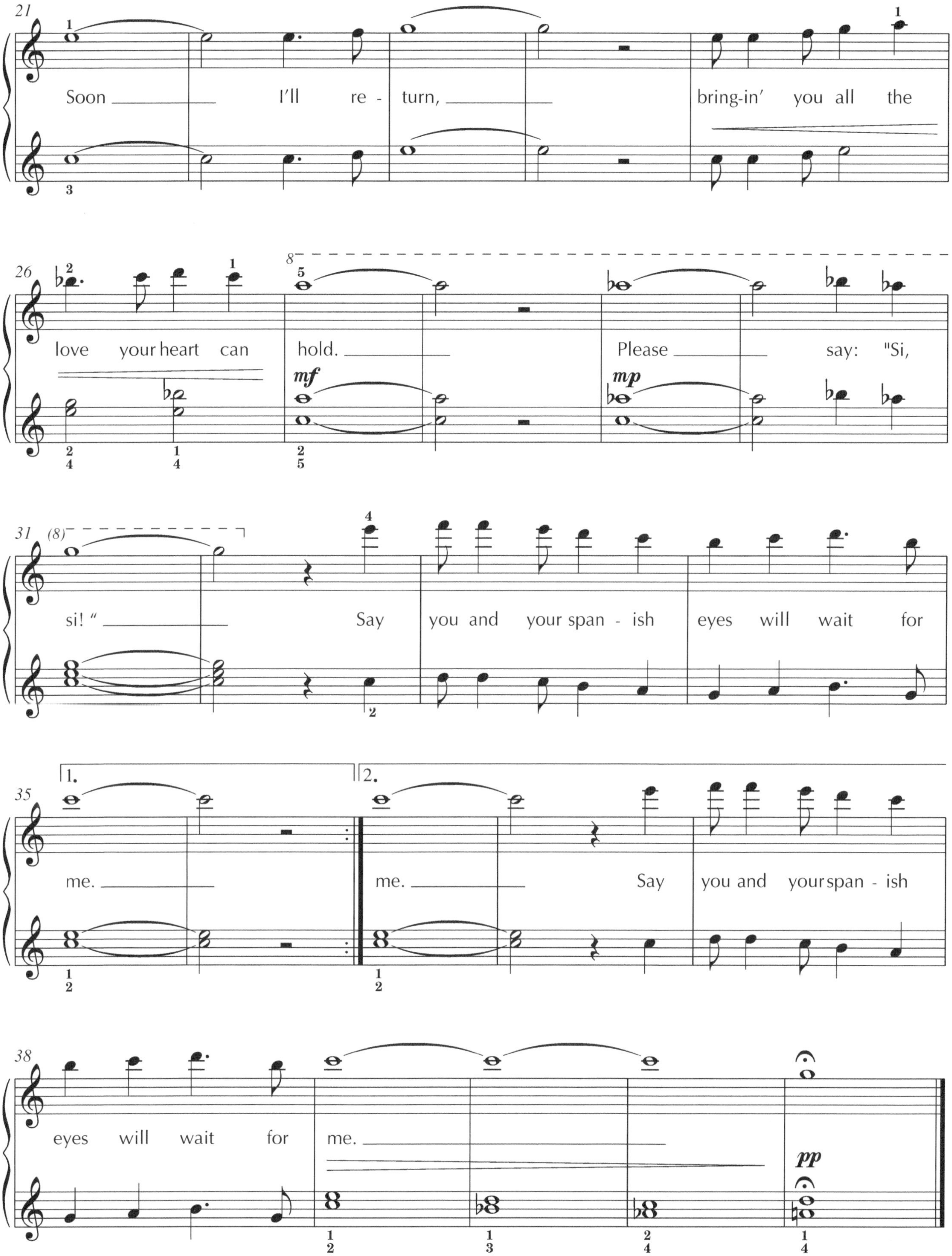
Soon I'll re - turn, bring-in' you all the
love your heart can hold. Please say: "Si,
si! " Say you and your span - ish eyes will wait for
1. me. 2. me. Say you and your span - ish
eyes will wait for me.
mf
mp
pp

Track 11

IN A FUNNY MOOD

Eduard Pütz
(1911 – 2000)

With humour ♩ = 116

aus: E. Pütz, Let's Play Together, 10 Jazzstücke für Klavier vierhändig, Schott ED 8482

Track 11

IN A FUNNY MOOD

Eduard Pütz
(1911 – 2000)

With humour ♩ = 116

aus: E. Pütz, Let's Play Together, 10 Jazzstücke für Klavier vierhändig, Schott ED 8482

Track 12

DEUTSCHER TANZ

Ludwig van Beethoven
(1770 – 1827)

Track 12

DEUTSCHER TANZ

Ludwig van Beethoven
(1770 – 1827)

Track 13

ANDANTE

Johann August Just
(1750 – 1791)

Track 13

ANDANTE

Johann August Just
(1750 – 1791)

Track 14

AMAZING GRACE

(Judy Collins)

Traditional

Arr.: Hans-Günter Heumann

Track 14

AMAZING GRACE

(Judy Collins)

Traditional

Arr.: Hans-Günter Heumann

Track 15

SONATINE

Daniel Gottlob Türk
(1750 – 1813)

aus: D. G. Türk, 30 Tonstücke für Klavier vierhändig, Schott ED 2296

Track 15

SONATINE

Daniel Gottlob Türk
(1750 – 1813)

aus: D. G. Türk, 30 Tonstücke für Klavier vierhändig, Schott ED 2296

Allegretto (Kleines Ballett)
mf
Fine
sf
D. C. al Fine
Vivace
mf
f

Allegretto (Kleines Ballett)

Vivace

41
mf
f
47
pp
53
mf
f
59
Coda
mf
64
f

41
47
53
59
Coda
64
mf
f
3

Track 16

HANGMAN'S BLUES

Traditional
Arr.: Hans-Günter Heumann

Track 16

HANGMAN'S BLUES

Traditional
Arr.: Hans-Günter Heumann

Track 17

MELODIE IN F

Thema aus op. 3, Nr. 1

Anton Rubinstein
(1829 – 1894)
Arr.: Hans-Günter Heumann

Track 17

MELODIE IN F

Thema aus op. 3, Nr. 1

Anton Rubinstein
(1829 – 1894)
Arr.: Hans-Günter Heumann

Track 18

SICILIANO

aus: Sonate für Flöte und obligates Cembalo Es-Dur, BWV 1031, 2. Satz (g-Moll)

Johann Sebastian Bach
(1685 – 1750)
Arr.: Hans-Günter Heumann

Track 18

SICILIANO

aus: Sonate für Flöte und obligates Cembalo Es-Dur,
BWV 1031, 2. Satz (g-Moll)

Johann Sebastian Bach
(1685 – 1750)
Arr.: Hans-Günter Heumann

12
(8)
15
(8)
18
(8)
20
(8)

23
26
28
31
rit.

23
8
26
(8)
28
(8)
(tr)
31
(8)
rit.
(tr)

Track 19

GUANTANAMERA

José Fernández Díaz / José Martí
Arr.: Hans-Günter Heumann

Track 19

GUANTANAMERA

José Fernández Díaz / José Martí
Arr.: Hans-Günter Heumann

21
25
29
D. S. al ⊕ – ⊕
33
Coda
36
1. – 2.
3.

hom - bre sin - ce - ro, de don - de cre - ce la pal - ma, yo soy un
hom - bre sin - ce - ro, de don - de cre - ce la pal - ma y an - te de
mo - rir me quie - ro e - char mis ver - sos del al - ma.
D. S. al
Coda
- ra.
1. – 2.
3.

Track 20

CARLOTTA-WALZER

aus der Operette *Gasparone*

Karl Millöcker
(1842 – 1899)
Arr.: Hans-Günter Heumann

Track 20

CARLOTTA-WALZER

aus der Operette *Gasparone*

Karl Millöcker
(1842 – 1899)
Arr.: Hans-Günter Heumann

21
25
29
33
37

21
25
p
29
33
37

41
sfz
p
45
sfz
p
49
1.
53
2.
52

41
sfz
p
45
sfz
p
49
1.
53
2.
52

Track 21

SONATINA

Komponist unbekannt
(Ende des 18. Jahrhunderts)

Track 21

SONATINA

Komponist unbekannt
(Ende des 18. Jahrhunderts)

13
(mf)
17
p
21
f
24
27

(mf)
p
tr
f

Track 22

HOLD THE LINE

(Toto)

David Paich

Arr.: Hans-Günter Heumann

Track 22

HOLD THE LINE

(Toto)

David Paich
Arr.: Hans-Günter Heumann

Moderate Rock beat

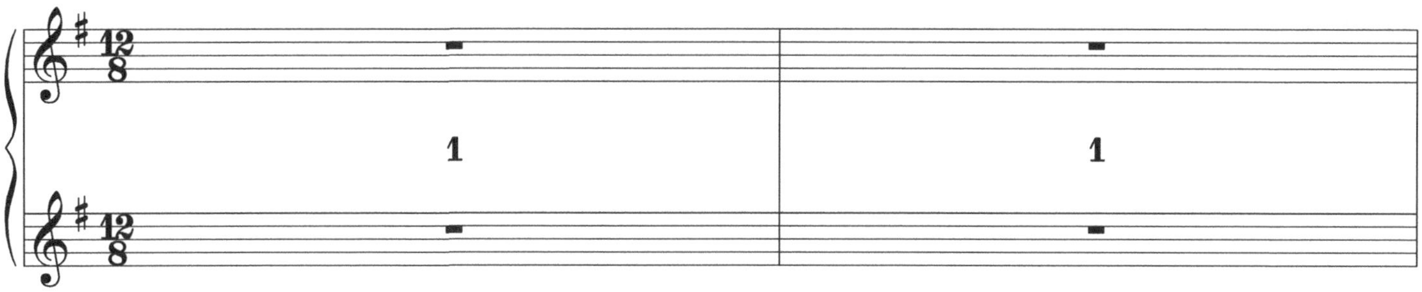

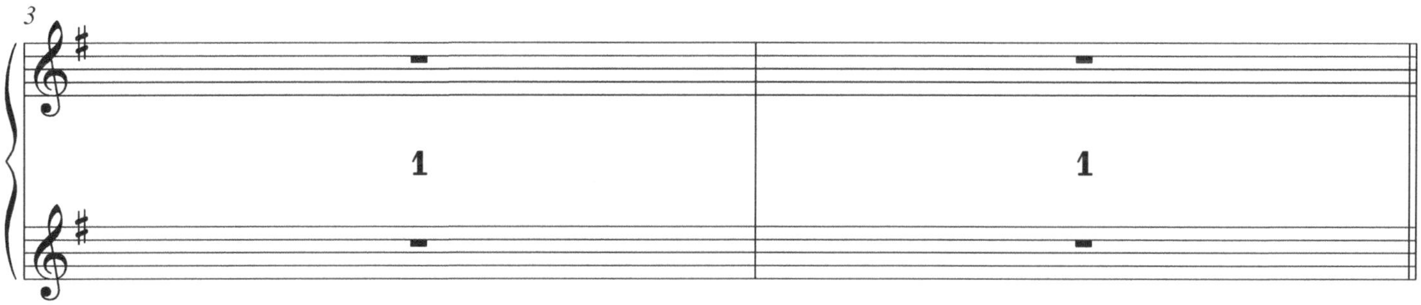

9
11
13
15
17

9 (8)
It's not in the way you've been treat - in' my friends.
It's not in the way that been came back to me.
11 (8)
It's not in the way that you stay till the end.
It's not in the way that your love set me free.
13 (8)
It's not in the way you look or the things that you say that you do.
It's not in the way you look or the things that you say that you do.
Hold the
15 (8)
line.
Love is - n't al - ways on
17 (8)
time.
Whoa, whoa,
whoa.
Hold the

19
21
1.
23
2.
25
27

19 (8)
2
line.
Love is - n't al - ways on
4
1.
21 (8)
4
time.
Whoa, whoa,
whoa.
2
2.
23 (8)
2
line.
Love is - n't al - ways on
4
25 (8)
line.
Love is - n't al - ways on
27 (8)
4
time.
Whoa, whoa,
whoa.
2

Track 23

GEBURTSTAGSMARSCH

aus: 12 vierhändige Klavierstücke für kleine und große Kinder op. 85, Nr. 1

Robert Schumann
(1810 – 1856)

Track 23

GEBURTSTAGSMARSCH

aus: 12 vierhändige Klavierstücke für kleine und große Kinder op. 85, Nr. 1

Robert Schumann
(1810 – 1856)

18
p
22
26
p
30
D. C. al Fine

18
p
22
26
mp
mp
30
p
D. C. al Fine

Track 24

STOMPIN' AT THE SAVOY

(Benny Goodman)

Benny Goodman/Chick Webb/Edgar Sampson/Andy Razaf
Arr.: Hans-Günter Heumann

Track 24

STOMPIN' AT THE SAVOY

(Benny Goodman)

Benny Goodman/Chick Webb/Edgar Sampson/Andy Razaf

Arr.: Hans-Günter Heumann

13
mf
16
cresc.
19
mp
22
25
rit.
dim.
pp

13
How my heart is sing - in' while the band is
mf
16
swing - in'. Nev - er tired of romp - in' and
cresc.
19
stomp-in' with you, at the Sa - voy. What joy, a per - fect hol - i - day.
mp
22
Sa - voy, where we can glide and sway. Sa - voy
25
there let me stomp a - way, with you.
rit.
dim.
pp

Track 25

LÄNDLER NR. 1

Franz Schubert
(1797 – 1828)

Arr.: Johannes Brahms
(1833 – 1897)

aus: F. Schubert, 11 Ländler für Klavier, gesetzt von Johannes Brahms, Schott ED 2338

Track 25

LÄNDLER NR. 1

Franz Schubert
(1797 – 1828)
Arr.: Johannes Brahms
(1833 – 1897)

aus: F. Schubert, 11 Ländler für Klavier, gesetzt von Johannes Brahms, Schott ED 2338

Track 26

LÄNDLER NR. 2

aus: F. Schubert, 11 Ländler für Klavier, gesetzt von Johannes Brahms, Schott ED 2338

Track 26

LÄNDLER NR. 2

aus: F. Schubert, 11 Ländler für Klavier, gesetzt von Johannes Brahms, Schott ED 2338

Track 27

FAUST-WALZER

aus der Oper *Margarethe*

Charles Gounod
(1818 – 1893)
Arr.: Hans-Günter Heumann

Track 27

FAUST-WALZER

aus der Oper *Margarethe*

Charles Gounod
(1818 – 1893)
Arr.: Hans-Günter Heumann

21
pp
25
29
cresc. poco a poco
33
f

pp
cresc. poco a poco
f
dim.

Track 28

MENUETTO

op. 3, Nr. 3

Carl Maria von Weber
(1786 – 1826)

Track 28

MENUETTO

op. 3, Nr. 3

Carl Maria von Weber
(1786 – 1826)

Trio

Trio
pp sempre dolce
Menuetto da Capo

*) 

Track 29

MELODISCHES ÜBUNGSSTÜCK

op. 62, Nr. 25

Hermann Berens
(1826 – 1880)

Track 29

MELODISCHES ÜBUNGSSTÜCK

op. 62, Nr. 25

Hermann Berens
(1826 – 1880)

Allegro

Track 30

IL MAESTRO E LO SCOLARE

Sonata a quattro mani (Thema)

Joseph Haydn
(1732 – 1809)

aus: J. Haydn, Il Maestro e la scolare (Der Lehrer und der Schüler). Vollständige Ausgabe: Wiener Urtext UT 50194

Track 30

IL MAESTRO E LO SCOLARE

Sonata a quattro mani (Thema)

Joseph Haydn
(1732 – 1809)

aus: J. Haydn, Il Maestro e la scolare (Der Lehrer und der Schüler). Vollständige Ausgabe: Wiener Urtext UT 50194

*)

Track 31

THE ENTERTAINER

Ragtime (aus dem Film *Der Clou)*

Scott Joplin
(1868 – 1917)
Arr.: Hans-Günter Heumann

Track 31

THE ENTERTAINER

Ragtime (aus dem Film *Der Clou)*

Scott Joplin
(1868 – 1917)
Arr.: Hans-Günter Heumann

21
f
25
29
p
33
p
1.
2.
36
Coda
D. S. al

Bei der Wiederholung beide Stimmen 8
1.
2.
loco
Coda
D. S. al

Track 32

WALZER

op. 39, Nr. 15

Johannes Brahms
(1833 – 1897)

aus: J. Brahms, Walzer op. 39 für Klavier zu vier Händen, Schott ED 1656

Track 32

WALZER

op. 39, Nr. 15

Johannes Brahms
(1833 – 1897)

aus: J. Brahms, Walzer op. 39 für Klavier zu vier Händen, Schott ED 1656

15
p
19
23
poco cresc.
2
28
p
33

Schott Music GmbH & Co KG, Mainz 51608

Hans-Günter Heumann **Klavier spielen – mein schönstes Hobby**

Übersicht über alle Ausgaben der Klavierschule

Klavierschule:

Band 1
Die moderne Klavierschule für Jugendliche und Erwachsene
mit CD, Schwierigkeit: sehr leicht bis leicht
ED 8246

Band 2
Die moderne Klavierschule für Jugendliche und Erwachsene
mit Online-Material, Schwierigkeit: leicht bis mittel
ED 9399D

Spielbücher:

Spielbuch zur Klavierschule Band 1
Beliebte Klavierstücke von Klassik bis Pop
mit CD, Schwierigkeit: sehr leicht bis leicht
ED 22681

Spielbuch zur Klavierschule Band 2
Beliebte Klavierstücke von Klassik bis Pop
mit CD, Schwierigkeit: leicht bis mittel
ED 22682

Themenhefte:

Der Konzertband
Die beliebtesten Stücke von Bach bis Elton John
mit Online-Material, Schwierigkeit: leicht bis mittel
ED 8467D

Der Etüdenband
Die schönsten Etüden von Czerny bis Chopin
mit CD, Schwierigkeit: mittel
ED 8780

Der Klassikband
Beliebte Originalstücke der klassischen Klaviermusik
mit Online-Material, Schwierigkeit: mittel
ED 8945D

Oper, Operette, Musical
Die beliebtesten Stücke von Mozart bis Cole Porter
Schwierigkeit: leicht bis mittel
ED 8980

Wunschmelodien
Beliebte Stücke aus Klassik und Pop in leichten Bearbeitungen
mit CD, Schwierigkeit: leicht
ED 9292

Weihnachtsmelodien
Beliebte Lieder und klassische Stücke zur Weihnachtszeit
Schwierigkeit: leicht bis mittel
ED 9397

Alles Walzer!
Die schönsten Walzer von Johann Strauß & Co.
mit CD, Schwierigkeit: leicht bis mittel
ED 9558

Lieder & Songs
Die Liederfundgrube zum Singen und Spielen am Klavier
Schwierigkeit: leicht bis mittel
ED 9628

Bar Piano
Faszinierende Melodien im Barmusikstil
mit CD, Schwierigkeit: leicht bis mittel
ED 9679

Vierhändig
Zu zweit am Klavier von Barock bis Pop
mit Online-Material, Schwierigkeit: leicht
ED 9782D

Der Sonatinenband
Die schönsten leichten Sonatinen von Beethoven bis Kabalewski
mit CD, Schwierigkeit: leicht bis mittel
ED 9839

Pop & Jazz
Beliebte Stücke von Duke Ellington bis Robbie Williams
mit CD, Schwierigkeit: leicht bis mittel
ED 9976

Träumerei
Beliebte romantische Klavierstücke von Klassik bis Pop
mit CD, Schwierigkeit: mittel
ED 20015